# Los indígenas en el siglo XIX
## Derechos y resistencia

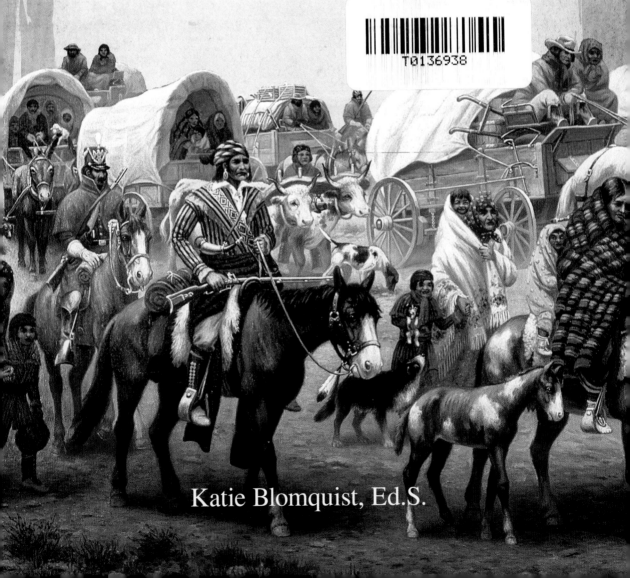

Katie Blomquist, Ed.S.

## Asesores

**Vanessa Ann Gunther, Ph.D.**
Departamento de Historia
Universidad Chapman

**Nicholas Baker, Ed.D.**
Supervisor de currículo e instrucción
Distrito Escolar Colonial, DE

**Katie Blomquist, Ed.S.**
Escuelas Públicas del Condado de Fairfax

### Créditos de publicación

Rachelle Cracchiolo, M.S.Ed., *Editora comercial*
Conni Medina, M.A.Ed., *Redactora jefa*
Emily R. Smith, M.A.Ed., *Realizadora de la serie*
Diana Kenney, M.A.Ed., NBCT, *Directora de contenido*
Caroline Gasca, M.S.Ed., *Editora superior*
Courtney Patterson, *Diseñadora gráfica superior*
Lynette Ordoñez, *Editora*
Sam Morales, M.A., *Editor asociado*
Jill Malcolm, *Diseñadora gráfica básica*

**Créditos de imágenes:** portada y págs.1, 11 (superior) Granger, NYC; págs.2, 6, 9, contraportada North Wind Picture Archives; pág.4 LOC [LC-DIG-pga-04158]; pág.5 (centro) LOC [gm72002042], (inferior) Architect of the Capitol; pág.7 (izquierda) NARA [299800], (centro) NARA [12013254], (derecha) NARA [12013260]; pág.8 (izquierda) LOC [LC-DIG-pga-02501], (derecha) NARA [5682743]; pág.10 LOC [LC-DIG-pga-07513]; pág.11 (centro) NARA [6860606], (inferior) NARA [2127291]; pág.12 Bridgeman Images; pág.13 Peter Newark American Pictures/Bridgeman Images; pág.14 LOC [LC-DIG-pga-07732]; págs.14-15 LOC [LC-USZ62-130184]; pág.15 (superior) LOC [LC-USZ62-91032], (inferior) NARA [299803]; pág.16 LOC [LC-DIG-cwpbh-03216]; pág.17 (superior) GraphicaArtis/Bridgeman Images, (inferior) Chicago History Museum, USA/Bridgeman Images; pág.18 (superior) Smithsonian Institution, Washington DC, USA/Bridgeman Images, (inferior) Look and Learn/Bridgeman Images; pág.20 (superior) Look and Learn/Illustrated Papers Collection/Bridgeman Images, (inferior) Peter Newark American Pictures/Bridgeman Images; pág.21 Sarin Images/Granger, NYC; pág.22 LOC [LC-DIG-ppmsc-02512]; pág.23 NARA [292877]; pág.24 Kevin Fleming/Corbis/VCG/Getty Images; pág.25 (superior) Danita Delimont/Getty Images, (inferior) Omniphoto/UIG/Bridgeman Images; pág.26 NARA [24068520]; pág.27 (superior) Hemis/Alamy Stock Photo, (inferior) Cvandyke/Shutterstock.com; pág.28 Danita Delimont/Alamy Stock Photo; pág.29 Alvis Upitis/Newscom; pág.31 Chicago History Museum, USA/Bridgeman Images; pág.32 NARA [5682743]; todas las demás imágenes cortesía de iStock y/o Shutterstock.

**Library of Congress Cataloging-in-Publication Data**
Names: Blomquist, Katie, author.
Title: Los indígenas en el siglo XIX : derechos y resistencia / Katie Blomquist, Ed.S.
Other titles: American Indians in the 1800s. Spanish
Description: Huntington Beach : Teacher Created Materials, 2020. | Audience: Grade 4 to 6. | Summary: "In the 19th century, Americans focused on westward expansion. But as settlers stretched the limits of the frontier, they pushed many American Indians out of their homelands. For American Indians, it was a century of hardship. Yet through it all, they endured. They held on to their native cultures"-- Provided by publisher.
Identifiers: LCCN 2019014777 (print) | LCCN 2019980484 (ebook) | ISBN 9780743913744 (paperback) | ISBN 9780743913751 (ebook)
Subjects: LCSH: Indians of North America--History--19th century--Juvenile literature. | Indians of North America--Government relations--Juvenile literature. | Indians, Treatment of--North America--Juvenile literature. | Indian Removal, 1813-1903--Juvenile literature. | Indians of North America--Wars--1866-1895--Juvenile literature.
Classification: LCC E77.4 .B5618 2020 (print) | LCC E77.4 (ebook) | DDC 323.1197--dc23
LC record available at https://lccn.loc.gov/2019014777
LC ebook record available at https://lccn.loc.gov/2019980484

## Teacher Created Materials

5301 Oceanus Drive
Huntington Beach, CA 92649-1030
www.tcmpub.com

**ISBN 978-0-7439-1374-4**

# Contenido

# La nación llega al Oeste

*La crueldad, señor, es enorme; el **inevitable** sufrimiento, incalculable [...].
Naciones enteras de indígenas indefensos, contra su voluntad, bajo
apariencia de legalidad, son expulsadas de sus hogares hacia tierras
salvajes [...]. A nuestros amigos esta medida les causará dolor, y solo a
nuestros enemigos les dará placer. Y a nosotros mismos, señor, cuando
los intereses y las pasiones actuales sean cosa del pasado, nos provocará,
me temo, **remordimiento** y un arrepentimiento tan amargo como inútil.*

—Edward Everett

En 1830, el congresista Everett se opuso a la expulsión
de los indígenas de sus tierras. Lamentablemente, no
todos compartían su punto de vista.

En el siglo XIX, Estados Unidos quería expandir sus
límites. Muchos estadounidenses sentían que la nación
debía extenderse de océano a océano. Los colonos
se trasladaron en masa al Oeste. Pero no
pensaron en la situación desesperada de los
indígenas que vivían allí. Expulsaron a una
tribu tras otra de sus tierras **nativas**.

Las tribus se esforzaron por
sobrevivir. Más de 100,000 indígenas
perdieron su hogar. Y el número de
muertes provocado por la expulsión
se contó por miles. La historia de
los indígenas norteamericanos está
marcada por el sufrimiento. Pero
también demuestra cómo fueron
capaces de adaptarse y **resistir**
contra todo pronóstico.

Edward Everett

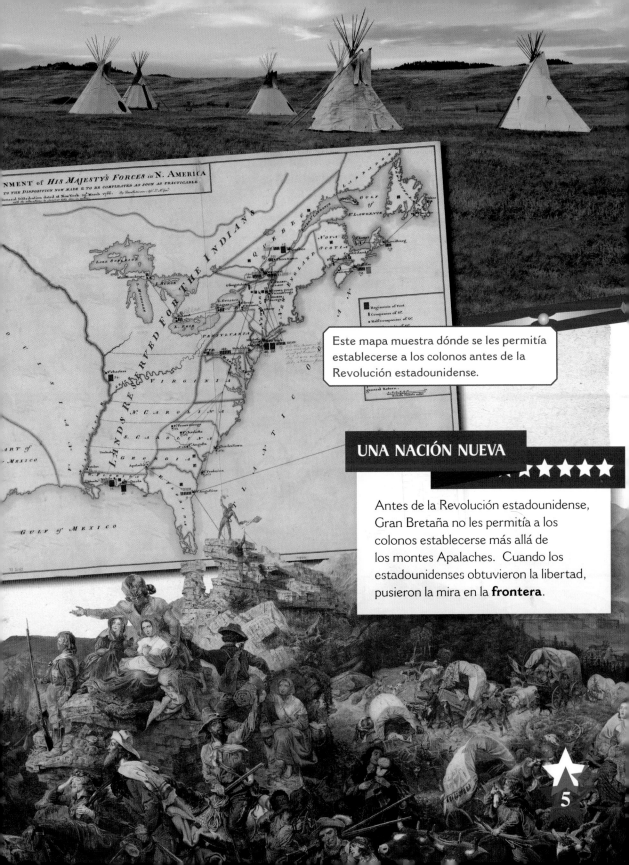

Este mapa muestra dónde se les permitía establecerse a los colonos antes de la Revolución estadounidense.

## UNA NACIÓN NUEVA

★★★★★

Antes de la Revolución estadounidense, Gran Bretaña no les permitía a los colonos establecerse más allá de los montes Apalaches. Cuando los estadounidenses obtuvieron la libertad, pusieron la mira en la **frontera**.

# Expulsión

Los colonos blancos y los indígenas se habían enfrentado en muchas ocasiones desde que los europeos empezaron a establecerse en América del Norte. Los colonos blancos ocupaban tierras tribales, y las tribus luchaban para defenderlas. Pero, a finales del siglo XVIII, Estados Unidos ocupó las tierras con una fuerza renovada.

Colonos neerlandeses firman un tratado con indígenas mohawks en la década de 1640.

# Promesas rotas

Estados Unidos empezó a firmar **tratados** con las tribus indígenas. Los tratados son acuerdos solemnes entre países. Ayudan a que las naciones convivan en paz. Las tribus de indígenas norteamericanos hacían tratados entre ellas desde mucho antes de que los colonos blancos llegaran a sus tierras. Las tribus firmaron más de 370 tratados con Estados Unidos. El primero se firmó en 1778.

A veces, esos tratados estaban escritos de manera confusa. No todas las tribus entendían los términos de los tratados. En algunos casos, eso permitía al gobierno estadounidense ocupar las tierras. A menudo, Estados Unidos también violaba los tratados que firmaba con las tribus. Incluso cuando Estados Unidos prometía mantenerse lejos de las tierras tribales, la promesa se rompía una y otra vez cuando los colonos blancos se asentaban en el Oeste. Muchas tribus se sintieron traicionadas. Perdieron millones de acres de tierra y se enojaron cada vez más. En 1830, una nueva ley forzó a miles de personas a abandonar sus hogares.

tratados entre tribus indígenas y Estados Unidos

# La Ley de Traslado de Indígenas

Antes de 1830, muchas tribus eran consideradas naciones **independientes**. Tenían derechos sobre sus tierras. Hacían sus propias leyes. Pero los colonos querían vivir en esas tierras, y los estados querían que las tribus obedecieran las leyes estatales.

En 1830, el gobierno **federal** aprobó la Ley de Traslado de Indígenas. El presidente Andrew Jackson pensó que la ley era una buena idea. Creía que la ley impediría que los colonos y las tribus se pelearan. Pensó que la ley haría crecer a Estados Unidos. Una de sus predicciones era correcta. La otra, no.

La ley daba al presidente el poder de **negociar** tratados. Jackson ordenó a las tribus del Este que abandonaran sus tierras y fueran hacia el oeste. El gobierno reservó tierras para las tribus en lo que hoy es Oklahoma.

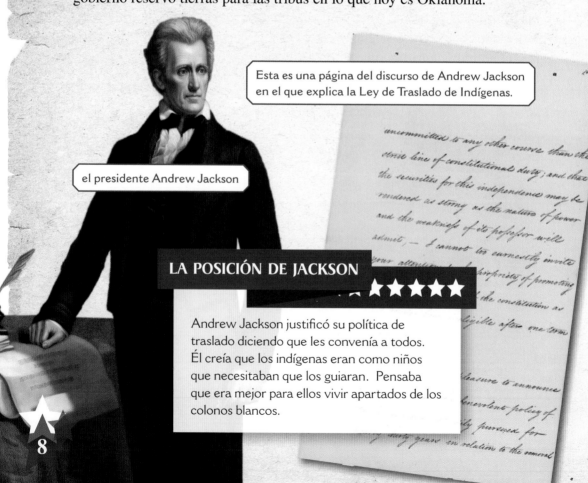

Esta es una página del discurso de Andrew Jackson en el que explica la Ley de Traslado de Indígenas.

el presidente Andrew Jackson

## LA POSICIÓN DE JACKSON

★★★★★

Andrew Jackson justificó su política de traslado diciendo que les convenía a todos. Él creía que los indígenas eran como niños que necesitaban que los guiaran. Pensaba que era mejor para ellos vivir apartados de los colonos blancos.

Supuestamente, el traslado iba a ser voluntario y pacífico. Los indígenas que quisieran quedarse en sus tierras perderían el derecho a gobernarse a sí mismos y tendrían que vivir como los blancos. Pero la mayoría, en verdad, no tenía opción. Si las tribus se negaban a mudarse, Jackson recurría a la fuerza. En 1837, Estados Unidos ya había desplazado casi todas las tribus del este del río Misisipi. Más de 46,000 indígenas fueron obligados a abandonar sus hogares. Habían vivido en el Este por miles de años. Ahora tenían que empezar de cero.

indígenas forzados a ir hacia el oeste

## CROCKETT DEFIENDE A LAS TRIBUS ★★★

No todos estaban de acuerdo con las políticas de Jackson. El pionero, héroe popular y miembro de la Cámara de Representantes David Crockett se opuso rotundamente a la Ley de Traslado de Indígenas. Crockett habló públicamente contra el tratamiento injusto que se daba a las tribus.

# El Sendero de las Lágrimas

Los cheroquis no querían abandonar sus tierras. Pidieron a la **Corte Suprema** que los reconociera como una nación independiente con sus propias leyes. En 1832, la Corte aceptó el pedido, pero el presidente Jackson, no. Jackson ordenó el traslado de los cheroquis.

En 1835, un grupo de unos 100 cheroquis firmaron el Tratado de Nueva Echota. En el tratado, renunciaban a reclamar sus tierras en el Este. A cambio, recibían tierras en el territorio indígena, dinero y ganado, entre otras cosas. Pero ninguno de los que habían firmado el tratado era un líder cheroqui de importancia. Más de 15,000 cheroquis firmaron una petición como forma de protesta. Jackson y muchos otros ignoraron su reclamo.

En 1838, tropas estadounidenses expulsaron a los cheroquis de sus hogares. Los obligaron a caminar más de 1,200 millas (1,900 kilómetros). Muchos sufrieron hambre, frío, enfermedades y agotamiento. Más de 4,000 murieron. Después de 116 días, los sobrevivientes llegaron al territorio indígena. Su marcha se conoce como el "Sendero de las Lágrimas". Los cheroquis la llaman el "Lugar Donde Lloramos".

A los cheroquis les costaba vivir en su nuevo hogar. Habían vivido en aldeas y cultivado la tierra. Las tribus de las Grandes Llanuras cazaban búfalos. El gobierno también obligaba a tribus que habían sido enemigas a compartir el territorio. Fue una época de mucha tristeza y dificultades para muchas tribus.

## JOHN ROSS

★★★★★★★★

John Ross era uno de los principales jefes de la nación cheroqui. Ross se opuso públicamente a los traslados. En 1836, dijo al gobierno estadounidense: "Nuestra causa es la suya. Es la causa de la libertad y la justicia".

los cheroquis en el Sendero de las Lágrimas

Este mapa muestra tierras reclamadas tanto por los cheroquis como por Estados Unidos.

firmas en la petición del Tratado de Nueva Echota

# Resistencia

Algunas tribus se negaron a irse sin dar batalla. Aunque generalmente eran superados en número, defendieron su tierra y sus derechos.

## Las guerras seminolas

Los seminolas se llaman a sí mismos "el pueblo libre". Viven en la Florida desde hace cientos de años. Solían recibir a la gente que escapaba de la esclavitud y luchaban contra los que intentaban ocupar sus tierras. Eso hacía enojar al gobierno de Estados Unidos. En 1817, empezó la primera guerra seminola. Andrew Jackson era general en esa época. Comandó una serie de ataques contra la tribu. Después de tres meses de combate, muchos seminolas fueron obligados a dejar sus tierras.

Cuando se aprobó la Ley de Traslado de Indígenas, el gobierno ordenó a los seminolas que todavía quedaban en sus tierras que se fueran al oeste. Ellos se negaron. En 1835 comenzó la segunda guerra seminola. Fue la guerra más sangrienta entre una tribu indígena y el ejército de Estados Unidos. Menos de 3,000 seminolas lucharon contra más de 30,000 soldados estadounidenses. En 1842, los seminolas **se rindieron**. Fueron obligados a abandonar su territorio.

### OSCEOLA

★★★★★★★

Osceola fue un líder seminola que comandó a los guerreros durante la segunda guerra seminola. En 1837, aceptó negociar la paz. Pero el gobierno lo engañó y lo encerró en prisión, donde murió tres meses después.

Seminolas atacan una carreta de suministros estadounidense en 1812.

Un pequeño grupo de seminolas se quedó en su territorio. En 1855, el ejército estadounidense destruyó la tierra seminola en un último intento de hacer que la tribu se mudara al oeste. Entonces, los seminolas atacaron un campamento militar cercano. Ese fue el comienzo de la tercera guerra seminola. Durante dos años se libraron batallas menores, hasta que el jefe seminola Billy Piernas Arqueadas se rindió en nombre de su pueblo.

La expulsión de los seminolas costó muchas vidas. Lamentablemente, no fue la única vez que se derramó sangre para ocupar la tierra de las tribus.

13

# La guerra de Nube Roja

Cuando se descubrió oro en Montana, los mineros fueron corriendo a buscar fortuna. Recorrieron un antiguo camino que los lakotas usaban para cazar búfalos. La ruta se hizo conocida como el Camino Bozeman. El ejército estadounidense construyó carreteras y fuertes a lo largo del camino. Eso violaba el Primer Tratado del Fuerte Laramie. Los lakotas resistieron ferozmente la **invasión** de sus tierras.

Nube Roja era un jefe de guerra lakota. Luchó para proteger su hogar. En 1866, lideró una de las guerras más exitosas emprendidas por una tribu indígena contra el ejército estadounidense. Sus hombres atacaron a trabajadores estadounidenses a lo largo del Camino Bozeman. Los ataques fueron exitosos. En 1868, Estados Unidos reconoció el derecho de los lakotas sobre el territorio en el Segundo Tratado del Fuerte Laramie.

## CAZA DE BÚFALOS ★★★★

Las tribus de las Grandes Llanuras dependían del búfalo para sobrevivir. El gobierno estadounidense alentó a los cazadores a matar búfalos. En unos pocos años, los cazadores mataron millones de búfalos.

Nube Roja dejó las armas. Pero continuó defendiendo los derechos de su pueblo hasta su muerte en 1909. Incluso viajó a Washington D. C. para hablar con políticos estadounidenses.

Muchos de los seguidores de Nube Roja siguieron luchando. En 1874, se descubrió oro en las Colinas Negras. Los lakotas volvieron a luchar para defender su tierra.

el jefe Nube Roja

Indígenas luchan contra fuerzas estadounidenses en la guerra de Nube Roja.

## SEGUNDO TRATADO DEL FUERTE LARAMIE

★★★

Las Colinas Negras son sagradas para los indígenas de las Grandes Llanuras. El Segundo Tratado del Fuerte Laramie permitía al gobierno construir fuertes y caminos en su territorio, pero no en las Colinas Negras.

# La batalla de Little Bighorn

En 1874, George Armstrong Custer comandó tropas estadounidenses hacia territorio lakota. Encontraron oro en las Colinas Negras. Cuando se conoció la noticia, la fiebre del oro se extendió rápidamente. Mineros y colonos llegaron en masa a territorio lakota. El gobierno intentó comprar las Colinas Negras, pero los lakotas se negaron a venderlas.

Entonces, el gobierno ignoró el Segundo Tratado del Fuerte Laramie. Estados Unidos ordenó a los lakotas que se mudaran a una **reserva**. Ellos se negaron. El 25 de junio de 1876, Custer y sus tropas intentaron expulsarlos. Se toparon con el jefe lakota Toro Sentado y más de 2,000 guerreros en un campamento cerca del río Little Bighorn. Custer y sus hombres atacaron. Pero Custer tomó una decisión desastrosa cuando dividió sus fuerzas en tres grupos. Los distintos grupos no podían ayudarse entre sí. Separados por las tribus, Custer y sus 210 soldados murieron. La batalla se hizo famosa como la "última resistencia de Custer".

La victoria demostró la gran fuerza de las tribus. También enfureció a los colonos blancos. Un gran número de tropas federales llegó a la región. Los militares obligaron a los pueblos de las Grandes Llanuras a ir a las reservas. Así, acabaron con su modo de vida.

George Armstrong Custer

la última resistencia de Custer

## CABALLO LOCO

★★★★★

Caballo Loco lideraba un grupo de indígenas lakotas llamados los oglalas. Sus guerreros ganaron muchas batallas contra las tropas estadounidenses. Él y sus guerreros ayudaron a derrotar a Custer en la batalla de Little Bighorn.

Indígenas nez percés atacan a colonos blancos.

guerreros nez percés

# La guerra de los nez percés

Los nez percés vivían en partes de lo que hoy es Idaho, Oregón y Washington. Estados Unidos reconoció su territorio en un tratado en 1855. Pero los mineros encontraron oro allí en 1860. Mineros y colonos se apuraron a llegar a la región con la esperanza de hacerse ricos. Entonces, el gobierno escribió un nuevo tratado. El nuevo tratado les quitaba tierras a los nez percés. La mayor parte de la tribu se negó a firmarlo. Lo llamaron "el Tratado del Robo". De todas formas, se les ordenó irse.

Muchos guerreros jóvenes estaban enfadados porque los obligaban a abandonar sus hogares. Mataron a muchos colonos blancos. El líder de la tribu, el jefe Joseph, pensaba que las tropas federales intentarían vengarse. En junio de 1877, él y su pueblo decidieron huir a Canadá para estar a salvo.

Los nez percés recorrieron a pie 1,300 millas (2,100 kilómetros) de terreno escarpado. En el grupo había solamente 250 guerreros. Sin embargo, alrededor de 5,000 soldados estadounidenses los siguieron. Lucharon varias veces a lo largo del camino. Los nez percés ganaron casi todas las escaramuzas. Fue una brillante **retirada** militar. Pero sus armas no podían competir con las de los soldados. Los nez percés se rindieron el 5 de octubre de 1877. Estaban apenas a 40 millas (64 kilómetros) de la frontera canadiense.

Esa guerra terminó con muchos años de lucha entre los pueblos de las Grandes Llanuras y el ejército estadounidense. Para esa época, casi todas las tribus ya habían renunciado a su libertad y se habían establecido en las reservas.

## EL JEFE JOSEPH

★★★★★★★

Joseph lideraba un grupo de nez percés en el valle de Wallowa, al este de Oregón. Valoraba la paz, pero cuando el ejército de EE. UU. entró en su territorio, él protegió a su pueblo. Una vez dijo: "Me parte el corazón recordar todas las buenas palabras y todas las promesas rotas".

# Wounded Knee

En las reservas, los indígenas de las Grandes Llanuras debían hacer frente al hambre, las enfermedades y las promesas rotas. Muchos recurrieron a Wovoka, un **profeta** paiute. Él les prometió que, si hacían la danza fantasma, la gente y los búfalos asesinados por los colonos volverían a la vida. También les dijo que la danza haría desaparecer a los colonos. Sus dichos asustaron a los colonos, que pensaron que las tribus los iban a atacar.

Indígenas de las llanuras bailan la danza fantasma.

### TORO SENTADO

Toro Sentado fue un jefe lakota que participó en la batalla de Little Bighorn. Organizó a las tribus de las Grandes Llanuras contra el ejército de Estados Unidos. Se le recuerda por su firme resistencia al control del gobierno.

la masacre de Wounded Knee

El jefe Toro Sentado nunca participó en la danza fantasma. Pero alentó a otros para que danzaran y se resistió a la autoridad de los blancos. El gobierno temía que abandonara la reserva. En 1890, la policía tribal fue a arrestarlo. Durante su arresto, Toro Sentado fue asesinado. Otros lakotas huyeron de la reserva. Las tropas los rodearon y les ordenaron acampar junto al arroyo Wounded Knee.

Al día siguiente, los soldados intentaron quitarles las armas a los lakotas. Se inició una discusión acerca del rifle de un hombre. Sonó un disparo y un soldado cayó. Entonces, las tropas dispararon a los indígenas a quemarropa. También persiguieron a los que escapaban. Algunos indígenas fueron asesinados a millas del campamento. Más de 200 hombres, mujeres y niños lakotas fueron **masacrados**.

La muerte de Toro Sentado y la masacre de Wounded Knee marcaron el fin de la resistencia en las Grandes Llanuras. Para los indígenas, Wounded Knee es un símbolo fuerte. Representa el trato injusto del gobierno de Estados Unidos y la pérdida de su modo de vida.

# Resiliencia

Hacia fines del siglo XIX, la mayoría de las tribus vivían en reservas. Estados Unidos definió los límites de esas tierras por medio de tratados. Al principio, los indígenas no podían salir de las reservas por ningún motivo. Les costaba mucho encontrar trabajo. Dependían del gobierno para cubrir sus necesidades.

Actualmente, existen cientos de reservas que ocupan millones de acres. La mayoría están en áreas rurales. Eso significa que no están cerca de las ciudades. Las reservas son muy diferentes unas de otras. Algunas tienen muchos recursos naturales y suelo fácil de cultivar. Otras, no. Algunas reservas son enormes. La reserva navaja es la más grande. Tiene unos 16 millones de acres, más o menos el mismo tamaño que la actual Virginia Occidental. Otras reservas son muy pequeñas. La menor tiene menos de 100 acres, más o menos el tamaño de una granja pequeña.

Las reservas son como países en miniatura. Tienen su propio gobierno. La mayoría de las tribus tienen una **constitución**. La gente elige a sus propios gobernantes y consejos. Estos administran la tierra, aprueban leyes y cobran impuestos. Las reservas también tienen sus propios tribunales.

Actualmente, los indígenas estadounidenses son libres de vivir donde quieran. Muchos viven fuera de las reservas. Pero algunos vuelven de visita. Pasan tiempo con sus familias. Participan en eventos tribales. Las reservas ayudan a los indígenas a permanecer conectados con su pasado y, a la vez, mirar al futuro.

reserva lakota en 1891

una reserva en la actualidad

Welcome to the
BLACKFEET NATION

## "ASIMILACIÓN"

Estados Unidos intentó cambiar la **cultura** de los indígenas a través de un proceso llamado "asimilación". En el siglo XIX, los niños eran separados de sus familias y enviados a internados para evitar que aprendieran la cultura de su tribu.

23

Durante muchos años, los líderes tribales viajaron a Washington D. C. para recordarle al gobierno estadounidense las promesas de los tratados. Llevaron sus casos a la Corte Suprema. En muchos casos, la Corte dictaminó que los tratados seguían siendo válidos. Ese fue un gran logro para muchas tribus.

Las tribus también lucharon por obtener reconocimiento. Cuando una tribu obtiene el reconocimiento federal, es aceptada como una nación independiente. Eso significa que los miembros de las tribus son quienes toman las decisiones. Tienen su propio gobierno y hacen sus propias leyes. También pueden acceder a programas federales y protección del gobierno federal. El reconocimiento se puede lograr a través de tratados o de decisiones judiciales. Actualmente, hay más de 565 tribus con reconocimiento federal.

Los indígenas estadounidenses demostraron **resiliencia** frente a un gran sufrimiento. Les quitaron su hogar. Fueron obligados a marchar miles de millas. Los colonos se llevaron el oro y ocuparon sus tierras. Los indígenas lucharon muchas veces contra los soldados para defender sus derechos. Actualmente, las tribus recuerdan su historia. Continúan luchando por sus derechos mientras miran hacia el futuro.

Miembros de la Cámara del Consejo de la Nación Navajo debaten leyes.

indígenas estadounidenses en un desfile en Montana

WELCOME

CHEROKEE INDIAN

RESERVATION

25

# De cara al futuro

Actualmente, muchos indígenas viven como cualquier otro estadounidense. Son nuestros amigos, vecinos y compañeros de clase. Viven en todo tipo de casas y compran en las mismas tiendas que el resto de la gente. También celebran su cultura. Comparten sus costumbres con los demás. Los estadounidenses están empezando a entender todo lo que las tribus han aportado al país.

Todavía queda mucho trabajo importante por hacer. Los **estereotipos** pintan una imagen equivocada de los indígenas estadounidenses. Los muestran viviendo en tipis y vestidos con plumas. Algunas mascotas y nombres de equipos deportivos también reflejan una visión negativa de los indígenas. La verdad es mucho más compleja e interesante. Es parte de una historia que todos deberíamos conocer. Es parte de nuestra historia. Comprender los puntos de vista de los indígenas nos ayuda a comprender nuestra nación.

Los estadounidenses de hoy debemos aprender del pasado para poder fortalecernos como país. Deberíamos respetar a los que estaban aquí antes que nosotros. Nuestro mundo está lleno de gente que recorre distintos caminos. Existen diferentes modos de vida. Debemos celebrar esa **diversidad** y aprender a caminar codo a codo con los demás.

una familia de indígenas estadounidenses

una escuela en la reserva navajo

## PRESERVAR LA HISTORIA

★ ★ ★ ★ ★ ★

El Museo Nacional del Indígena Americano trabaja para compartir las vidas, lenguas y culturas de los pueblos nativos de todo el continente americano. El museo colecciona y preserva objetos que cuentan la historia de cada pueblo.

el Museo Nacional del Indígena Americano en Washington D. C.

# ¡Recuérdalo!

Un monumento es una estructura construida en honor a una persona o un suceso del pasado. Una escultura, una estatua, una fuente o hasta un parque entero pueden ser un monumento.

Diseña un monumento para recordar a una persona o un suceso de este libro. Piensa cómo quieres que la gente recuerde a la persona o el suceso que elegiste. ¿Cómo quieres que se sientan cuando lo vean? Haz tu diseño usando los materiales que te parezcan más adecuados. ¡Hasta puedes hacerlo con una herramienta digital! Después, comparte tu diseño con la clase.

monumento en memoria de Caballo Loco en Dakota del Sur

lápidas de la batalla de Little Bighorn

# Glosario

**constitución**: un sistema de creencias, leyes y principios por los cuales se gobierna un país o un estado

**Corte Suprema**: el tribunal superior de Estados Unidos

**cultura**: creencias y estilos de vida de diferentes grupos de personas

**diversidad**: una gran cantidad de cosas diferentes

**estereotipos**: creencias injustas que afirman que todos los integrantes de un grupo son iguales

**federal**: relacionado con el gobierno central de Estados Unidos

**frontera**: en el Oeste de Estados Unidos, un área donde viven pocas personas

**independientes**: que no están controlados o gobernados por otro país

**inevitable**: imposible de evitar o que sucederá con seguridad

**invasión**: el acto de entrar en una región para intentar dominarla

**masacrados**: asesinados violentamente

**nativas**: que pertenecen a una persona o grupo de personas desde el nacimiento o la infancia

**negociar**: discutir algo formalmente para llegar a un acuerdo

**profeta**: una persona que dice o predice lo que pasará en el futuro

**remordimiento**: una sensación de malestar que queda después de realizar una mala acción

**reserva**: un territorio en Estados Unidos que se aparta para que vivan y trabajen los indígenas

**resiliencia**: la capacidad de recuperar la fuerza y volver a tener éxito después de que pasó algo malo

**resistir**: continuar existiendo de la misma forma

**retirada**: una estrategia militar que consiste en retroceder o abandonar una batalla

**se rindieron**: aceptaron dejar de luchar porque sabían que no podían ganar

**tratados**: acuerdos formales entre dos o más países o grupos

# Índice

# ¡Tu turno!

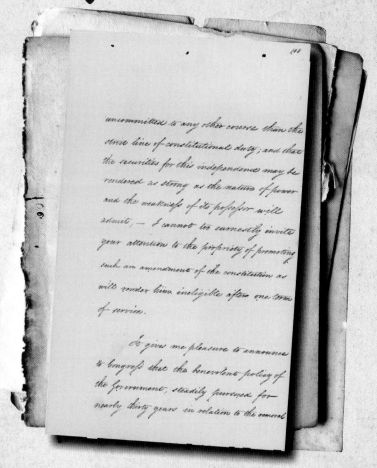

## ¡Que se queden!

El gobierno de Estados Unidos obligó a los indígenas a abandonar sus hogares cuando aprobó la Ley de Traslado de Indígenas en 1830. En este discurso, el presidente Jackson se declara a favor de expulsar a los indígenas de su tierra natal. Escribe una carta a Jackson explicándole por qué esa ley es injusta. Propón una solución mejor para el problema.